ALPHABET
NOUVEAU
EN FRANÇAIS,

ou

Instruction Chrétienne,

A l'usage des Écoles du Diocèse.

A VIC,
Chez R. Gabriel, Imprim.-Libr.

1834.

Vic, Impr. de R. GABRIEL.

Alphabet.

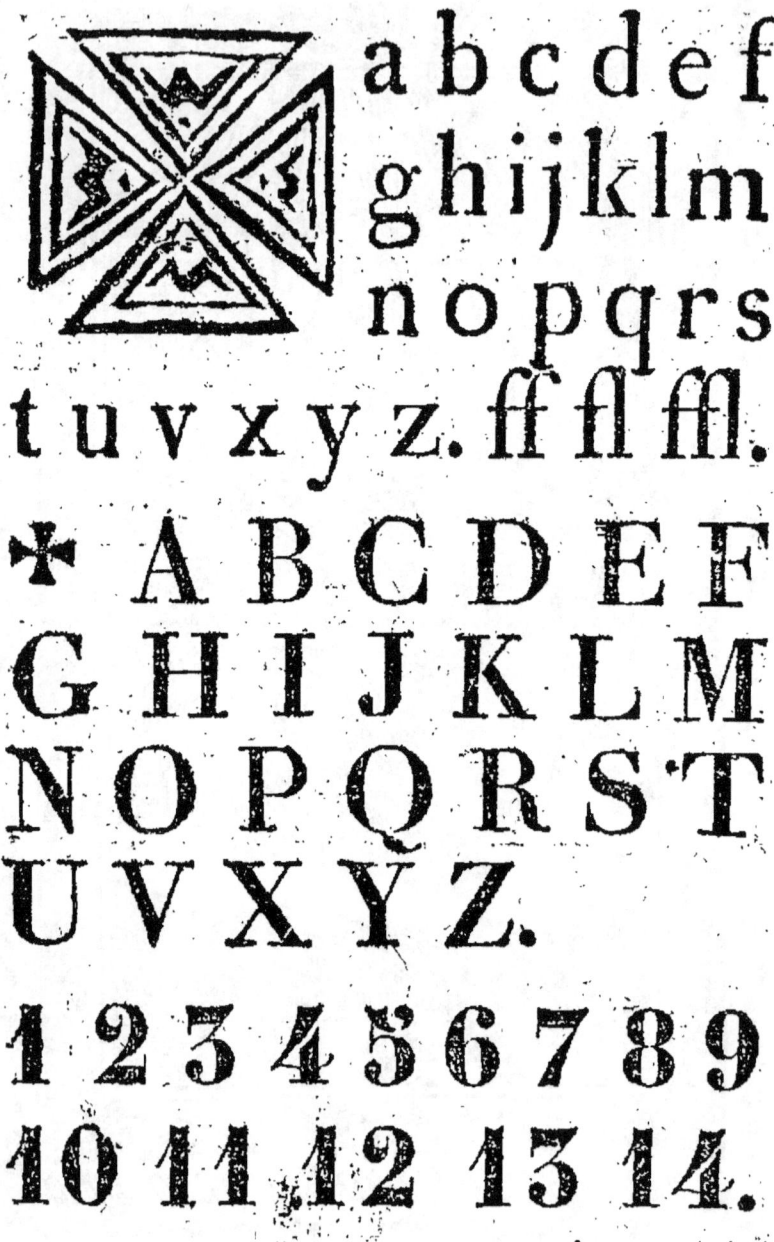

a b c d e f
g h i j k l m
n o p q r s
t u v x y z. ff fl ffl.

✠ A B C D E F
G H I J K L M
N O P Q R S T
U V X Y Z.

1 2 3 4 5 6 7 8 9
10 11 12 13 14.

ALPHABET.

a b c d e f g h i j k
l m n o p q r s t u
v x y z.

ff fl ffl fi ffi æ œ w é è ê ç ë ï ü.,

✠ A B C D E F G H I J K
L M N O P Q R S T
U V X Y Z. Æ Œ W Ç.

Chrétienne.

A E I O U.

Ba,	be,	bi,	bo,	bu.
Ca,	ce,	ci,	co,	cu.
Da,	de,	di,	do,	du.
Fa,	fe,	fi,	fo,	fu.
Ga,	ge,	gi,	go,	gu.
Ha,	he,	hi,	ho,	hu.
Ja,	je,	ji,	jo,	ju.
La,	le,	li,	lo,	lu.
Ma,	me,	mi,	mo,	mu.
Na,	ne,	ni,	no,	nu.
Pa,	pe,	pi,	po,	pu.
Qua,	que,	qui,	quo,	qu.
Ra,	re,	ri,	ro,	ru.
Sa,	se,	si,	so,	su.
Ta,	te,	ti,	to,	tu.
Va,	ve,	vi,	vo,	vu.
Xa,	xe,	xi,	xo,	xu.
Za,	ze,	zi,	zo,	zu.

1 2 3 4 5 6 7 8 9 10 11 12.

Instruction

A E I O U.

Ab-ba, eb-bé, ib-bi, ob-bo, ub-bu.
ac-ca, ec-cé, ic-ci, oc-co, uc-cu.
ça, çan, ço, çon, çu.
ad-da, ed-dé, id-di, od-do, ud-du.
af-fa, ef-fé, if-fi, of-fo, uf-fu.
ag-ga, eg-gé, ig-gi, og-go, ug-gu.
al-la, el-lé, il-li, ol-lo, ul-lu.
am-ma, em-mé, im-mi, om-mo, um-mu.
an-na, en-né, in-ni, on-no, un-nu.
ap-pa, ep-pé, ip-pi, op-po, up-pu.
ar-ra, er-ré, ir-ri, or-ro, ur-ru.
as-sa, es-sé, is-si, os-so, us-su.
at-ta, et-té, it-ti, ot-to, ut-tu.
va, vé, vi, vo, vu.
ax-xa, ex-xé, ix-xi, ox-xo, ux-xu.
za, zé, zi, zo, zu.
qua, que, qui, quo, qu'u.

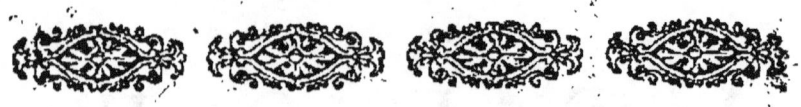

ORAISON
DOMINICALE.

No-tre Pè-re qui ê-tes aux ci-eux; que vo-tre nom soit sanc-ti-fi-é; que vo-tre roy-au-me nous arrive; que votre vo-lon-té soit faite en la terre comme au ciel : don-nez-nous au-jour-d'hui notre pain quotidien, et pardonnez-nous nos offenses comme nouspardonnons à ceux qui nous ont offensés : et ne nous induisez point en tentation; mais délivrez-nous du mal.

Ainsi soit-il.

La Salutation Angélique.

Je vous salue, Marie, pleine de grâces, le Seigneur est avec vous : vous êtes bénie entre toutes les femmes, et Jésus, le fruit de vos entrailles, est béni.

Sainte Marie, Mère de Dieu, priez pour nous pauvres pécheurs maintenant et à l'heure de notre mort.

Ainsi soit-il.

Le Symbole des Apôtres.

Je crois en Dieu le Père tout-puissant, Créateur du ciel et de la terre; et en Jésus-Christ son Fils u-ni-que, notre Seigneur, qui a été conçu du saint Esprit, est né de la Vierge Marie, a souffert sous Ponce-Pilate, a été crucifié, est mort, a été enseveli; est descendu aux enfers, est ressuscité des morts. Est monté aux cieux; et est assis à la droite de Dieu le Père tout-puissant; d'où il viendra juger les vivans et les morts.

Je crois au saint Esprit, à la sainte

église catholique, la communion des Saints, la rémission des péchés, la résurrection de la chair et la vie éternelle. Ainsi soit-il.

✠

Instruction

Confession des péchés.

Je me confesse à Dieu tout-puissant, à la bienheureuse Marie, toujours Vierge, à saint Michelarchange, à saint Jean-Baptiste, aux apôtres saint Pierre et saint Paul, à tous les Saints, parce que j'ai beaucoup péché par pensées, par paroles et actions. J'ai péché par ma faute, par ma faute, par ma très-grande faute; c'est pourquoi je supplie la bien-heureuse Marie, toujours Vierge, S. Michel archange, S. Jean-Baptiste, les Apôtres S. Pierre et saint Paul, et tous les

Saints, de prier pour moi le Seigneur notre Dieu Ainsi soit-il.

Bénédiction de la Table.

O Dieu! qui nous présentez les biens nécessaires pour nourrir notre corps, daignez y répandre votre sainte bénédiction, et faites-nous la grâce d'en user sobrement.

Au nom du Père, et du Fils, et du saint Esprit.
Ainsi soit-il.

Les Grâces après le repas.

SEIGNEUR, nous vous rendons nos très-humbles actions de grâces des biens que vous nous avez donnés pour la nourriture de notre corps qu'il vous plaise aussi de nourrir mon âme de votre grâce, dans l'espérance de la vie éternelle. Par les mérites de notre Seigneur Jésus-Christ.

Ainsi soit-il.

Que les âmes de nos parens, de nos amis et de tous les fidèles qui sont morts, reposent en paix, par la miséricorde de Dieu.
Ainsi soit-il.

LES SEPT PSAUMES
DE LA PÉNITENCE.

Ant. *Ne me reprenez pas.*

SEIGNEUR, ne me châtiez point dans votre colère; ne me punissez pas dans votre indignation.

de la pénitence. 25

Ayez pitié, mon Dieu, du languissant état où je suis : que le trouble où vous me voyez, vous engage à me guérir.

Mon âme est toute abattue; ah! Seigneur, jusqu'à quand tarderez-vous à me secourir?

Tournez, Seigneur, vos regards sur moi; tirez mon âme des piéges ; sauvez - moi pour l'intérêt de votre miséricorde.

Car, quelle gloire serai-je en état de vous rendre quand je serai parmi les morts ? et peut-on vous bénir dans le tombeau ?

Vous savez ce que mon péché m'a déjà coûté de pleurs, et je ne cesserai pas de le pleurer, dans le temps même destiné à mon repos : chaque nuit j'arroserai mon lit de mes larmes.

Mes yeux, abattus par la douleur, avaient long-temps fait croire à mes ennemis que j'y succomberais à la fin.

Retirez-vous de moi, pécheurs, maintenant que le Seigneur, touché de mes larmes, a eu pitié de moi.

Le Seigneur a exaucé

ma prière; le Seigneur a reçu favorablement mes vœux.

Que tous mes ennemis en soient couverts de honte et saisis de troubles, qu'ils s'éloignent au plutôt de moi, confus de voir leur malice trompée.

Gloire soit au Père, au Fils et au saint Esprit, comme elle était, etc.

Ps. 31. *Beati quorum.*

HEUREUX sont ceux dont les iniquités sont pardonnées, et dont les péchés sont effacés.

Heureux l'homme qui, par les regrets sincères d'un cœur droit et sans artifice, a obligé le Seigneur à ne plus se souvenir de son péché.

Au lieu de vous confesser le mien, ô mon Dieu! je me suis tu trop long-temps, et j'ai souffert des remords si vifs, que j'en poussais continuellement des cris.

Votre main s'est appesantie sans relâche sur moi; vous m'avez plongé dans l'amertume et livré aux plus piquans déplaisirs.

Alors, je vous ai

de la pénitence.

découvert la plaie de mon âme, et je ne vous ai point déguisé mon péché.

Je me suis dit à moi-même qu'il fallait m'accuser devant vous de mon iniquité : je l'ai fait, et vous me l'avez aussitôt pardonnée.

Un tel exemple de bonté portera tous vos serviteurs à vous adresser leurs prières, et à ne pas laisser passer le temps de vos miséricordes.

Ils se verront par-là à l'abri de votre colère, quand vous ensevelirez vos ennemis comme dans un déluge de maux.

Oui, mon Dieu, vous êtes ma consolation et ma joie, et vous m'arracherez à la violence de ceux qui m'attaquent.

de la pénitence.

Je vous éclairerai, m'avez-vous dit; je vous instruirai du chemin que vous devez suivre; j'aurai toujours les yeux attachés sur vous.

Vous donc qui me persécutez, cessez de ressembler aux animaux que la raison ne gouverne point.

Vous saurez bien, Seigneur, donner un frein à ceux qui s'éloignent de vous, et qui secouent le joug de l'obéissance qu'ils vous doivent.

Les pécheurs seront exposés à toutes sortes de fléaux, tandis que ceux qui espèrent au Seigneur, seront environnés de sa miséricorde.

Justes, mettez donc votre joie dans le Seigneur; vous qui avez le cœur droit; glorifiez vous tous en lui.

Gloire soit, etc.

Psaume 37.

SEIGNEUR, ne me reprenez point dans le fort de votre fureur, et ne me corrigez point dans le fort de votre colère.

J'ai déjà senti les traits piquans de votre indignation, et votre main s'est appesantie sur moi.

Ma chair, toute couverte d'ulcères, éprouve bien les effets de votre courroux; et, à cause de mes péchés, mes os ne reçoivent aucun repos.

Car mes iniquités sont entassées sur ma tête, et, comme un pesant fardeau, se sont appesanties sur moi.

Mes cicatrices se sont enviellies, et ont dé-

de la pénitence. 37

généré, par ma folie, en une corruption sans remède.

Je suis tout courbé et rabaissé; j'ai cheminé tout le jour avec une grande tristesse.

Mes reins, pleins d'une ardeur excessive, me causent d'étranges illusions, et je n'ai point de partie de mon corps où je ne souffre.

Je suis si fort affligé

et abaissé, qu'au lieu de plaintes, mon cœur n'exprime sa douleur que par des hurlemens.

Seigneur, vous voyez toutes mes intentions; mes pleurs et mes gémissemens ne vous sont point cachés.

Mon cœur est troublé, je n'ai plus de force ni de vigueur, et mes yeux n'aperçoivent plus la clarté.

Mes amis et mes proches se sont éloignés de moi, me voyant réduit en ce pitoyable état.

Mes voisins s'en sont aussi retirés : et ceux qui cherchent à m'ôter la vie y emploient de grandes violences.

Ils n'épient que les occasions de me nuire, et tiennent de mauvais discours contre moi;

ils passent tous les jours à chercher des moyens de me ruiner.

Et moi, comme si j'eusse été sourd, je ne me souciais pas de les fuir, et je n'ai ouvert la bouche non plus qu'un muet.

J'ai bouché mes oreilles à tous leurs reproches, et j'ai été comme un homme qui ne trouve aucune réplique en sa bouche.

Parce que j'ai mis en vous, Seigneur, toute mon espérance; Seigneur mon Dieu, vous exaucerez, s'il vous plaît, ma prière.

Je vous demande cette grâce, que mes ennemis ne se puissent glorifier de mes misères; car je sais qu'ils triomphent quand je fais un faux pas.

Je suis pourtant décidé à souffrir toujours la persécution ; et la douleur que j'ai méritée se présente continuellement à mes yeux.

Car j'avoue que j'ai commis de grandes iniquités ; et mon péché est toujours devant mes yeux.

Cependant mes ennemis vivent et se fortifient contre moi ; et

de la pénitence.

leur nombre augmente tous les jours.

Ceux qui rendent le mal pour le bien m'ont été contraires, parce que j'aime la paix et la douceur.

Seigneur, ne m'abandonnez pas : mon Dieu, ne vous éloignez pas de moi.

Venez promptement à mon secours : mon Seigneur et mon Dieu,

Les sept Psaumes

qui êtes mon salut.

Gloire soit au Père, au Fils, et au saint Esprit,

Comme elle était au commencement et dans tous les siècles des siècles. Ainsi soit-il.

Psaume 50.

MON Dieu, ayez pitié de moi selon votre grande miséricorde;

Et selon la multitude

de vos bontés, effacez mon iniquité.

Versez abondamment sur moi vos grâces, pour nettoyer mon âme des ordures qu'elle a contractées par le péché.

Je reconnais mes offenses, et mon péché est toujours contre moi.

J'ai péché contre vous seul, et vos yeux ont été témoins de mes crimes : afin que vous soyez reconnu juste en vos paroles, et entier en vos jugemens.

J'ai été formé en iniquité, et ma mère m'a conçu en péché.

Mais comme vous avez toujours aimé la vérité, aussi vous a-t-il plu de me révéler les mystères secrets de votre divine sagesse.

Arrosez-moi d'hysope,

et je serai nettoyé : lavez-moi, et je deviendrai plus blanc que la neige.

Faites-moi entendre la voix intérieure de votre saint Esprit, qui me comblera de joie, et elle ira dans mes os affaiblis par le travail.

Détournez vos yeux de mes péchés : et effacez les taches de mes iniquités.

Mon Dieu, mettez un cœur net dans mon sein : renouvelez dans mes entrailles l'esprit d'innocence.

Ne me condamnez pas à demeurer éloigné de votre présence, et ne retirez point de moi votre saint Esprit.

Rendez à mon âme la joie qu'elle concevra dès que vous serez son salut ; et assurez si bien mes forces, par votre esprit, que je ne tremble plus.

J'enseignerai vos voies aux méchans : et les impies convertis imploreront votre miséricorde.

O mon Dieu ! le Dieu de mon salut. purgez moi du crime d'homicide, et ma langue publiera hautement votre justice.

Seigneur, ouvrez mes lèvres ;

et ma bouche annoncera vos louanges.

Car si vous eussiez voulu des sacrifices, j'en aurais chargé vos autels; mais je sais bien que les holocaustes ne peuvent apaiser votre courroux.

Un esprit affligé du regret de ses péchés, est le sacrifice le plus agréable à Dieu : mon Dieu, vous ne mépriserez pas un cœur contrit et humilié.

Seigneur, favorisez Sion, et permettez que les murailles de Jérusalem soient relevées.

Alors vous agréerez les sacrifices de justice, vous accepterez nos oblations et nos holocaustes, et l'on offrira des veaux sur vos autels.

Les sept Psaumes

Psaume 101.

Seigneur, exaucez ma prière : et permettez que mon cri aille jusqu'à vous.

Ne détournez point votre face de moi ; et prêtez l'oreille à ma voix quand je suis dans l'affliction.

En quelque temps que je vous invoque, exaucez-moi promptement.

Parce que mes jours s'écoulent comme la fumée, et mes os se consument comme un tison dans le feu.

Mon cœur est devenu sec comme du foin ; parce que j'ai oublié de prendre ma nourriture.

A force de me plaindre et de soupirer, mes os tiennent à ma peau.

de la pénitence.

Je ressemble au pélican dans le désert, ou au hibou qui se tient dans les lieux écartés.

Je ne repose point toutes les nuits : et je suis devenu semblable au passereau solitaire sous le toit.

Mes ennemis me font des reproches tout le long de la journée; et ceux qui m'ont donné des louanges se sont efforcés de me déshonorer.

Voyant que je mangeais de la cendre au lieu de pain : et que je mêlais mon breuvage avec mes pleurs.

Comment pourrai-je tarir mes larmes, pendant que je suis l'objet de votre colère et que je me vois dans un gouffre de malheurs, après avoir été l'objet de vos faveurs ?

Mes jours sont comme l'ombre du soir qui s'obscurcit; et le chagrin me fait sécher comme du foin.

Vous levant, vous aurez pitié de Sion, car le temps en est venu.

Il est vrai que ses pierres sont tellement chères à vos serviteurs, qu'ils ont regret de voir une si belle ville détruite.

Alors, Seigneur, votre nom sera redouté dans toutes les nations; et votre gloire épouvantera tous les rois de la terre.

Quand on saura que vous avez rebâti Sion, où le Seigneur paraît dans sa gloire.

Il regardera favorablement la prière des humbles : il ne tiendra point leurs supplications dignes de mépris.

Toutes ces choses seront consi-

de la pénitence.

gnées dans l'histoire, pour l'instruction de la postérité, qui en donnera louange au Seigneur.

Il regarde ici-bas, du saint lieu où son trône est élevé; et du ciel où il réside, il jette les yeux sur la terre.

Pour entendre les cris de ceux qui sont dans les fers; et pour rompre les chaînes de ceux qui sont condamnés à la mort.

Afin que le nom du Seigneur soit honoré dans Sion; et que sa louange soit chantée en Jérusalem.

Quand tous les peuples s'assembleront et que les royaumes s'uniront pour le servir et pour adorer son pouvoir.

Mais je sens qu'il abat mes forces par la longueur du chemin; il a diminué le nombre de mes jours.

C'est pourquoi je m'adresse à mon Dieu, et lui dis : Seigneur, ne m'ôtez pas du monde au milieu de ma vie; vos années ne finiront jamais.

Car c'est vous qui dès le commencement avez assuré les fondemens de la terre : et les cieux sont les œuvres de vos mains.

Mais ils périront, et il n'y aura que vous seul de permanent, et toutes ces choses vieilliront comme le vêtement.

Et vous le changerez comme un manteau ou comme un pavillon; et vous serez toujours le même, et vos années n'auront point de fin.

Les enfans de vos serviteurs, seront permanens, et leur semence demeurera en votre présence.

Gloire

de la pénitence.

Gloire soit au Père, au Fils, et au saint Esprit.

Psaume 129.

SEIGNEUR, je me suis écrié vers vous du profond abîme de mes ennuis; Seigneur, écoutez ma voix.

Que vos oreilles soient attentives aux tristes accens de ma plainte.

Seigneur, si vous examinez de près nos offenses, qui est-ce qui pourra soutenir les effets de votre colère?

Mais en vous se trouve la miséricorde; sur votre parole j'ai espéré en vous.

Mon âme s'est assurée sur votre parole; mon âme a mis toutes ses espérances en vous.

Ainsi, depuis la garde du matin

jusqu'à la nuit, Israël espère au Seigneur.

Caa il y a dans le Seigneur une plénitude de miséricorde, et une abondance de grâces pour nous racheter.

Et c'est lui-même qui rachetera Israël de tous ses péchés.

Gloire soit au Père, etc.

Psaume 142.

SEIGNEUR, exaucez ma prière; prêtez l'oreille à mon oraison, entendez-moi selon la vérité de vos promesses, et selon votre justice.

N'entrez point en jugement avec votre serviteur; car aucun ne peut se justifier devant vous.

L'ennemi, qui m'a persécuté sans me donner un moment de relâche, m'a presque réduit à expirer en mordant la poussière.

Il m'a jeté dans l'horreur des ténèbres, comme si j'étais déjà mort au monde : de quoi mon esprit se trouve agité par beaucoup d'inquiétudes, et mon cœur se consume de douleur.

Mais je me suis consolé par le souvenir des temps passés, discourant en mon esprit de vos faits merveilleux en faveur de nos pères, et méditant sur les ouvrages de vos mains.

Je vous tends les mains, et mon âme vous désire avec autant d'impatience que la terre sèche attend la pluie.

Seigneur, exaucez-moi donc promptement, car mes forces me quittent, et mon esprit est déjà sur le bord de mes lèvres.

Ne détournez point de moi votre visage, afin que je ne devienne point semblable à ceux qui descendent dans l'abîme.

Mais plutôt, qu'il vous plaise me faire entendre dès le matin la voix de votre miséricorde, puisque c'est en vous que j'ai mis mon espérance.

Montrez-moi le chemin par lequel je dois marcher, d'autant que mon âme est toujours élevée vers vous.

Seigneur, délivrez-moi du pouvoir de mes ennemis; je me jette entre vos bras; enseignez-moi à faire votre volonté, car vous êtes mon Dieu.

Votre esprit, qui est bon, me conduira par une terre unie, et pour la gloire de votre nom,

Seigneur, vous me donnerez les forces et la vigueur selon votre équité.

Délivrez mon âme des afflictions qui l'oppressent; et me faisant sentir les effets de votre miséricorde, exterminez tous mes ennemis.

Perdez tous ceux qui tâchent de m'ôter la vie, par les peines qu'ils donnent à mon esprit; car je suis votre serviteur.

Gloire soit au Père, etc.

Ant. Seigneur, ne vous ressouvenez point de nos offenses ni des fautes de nos parens, et ne prenez point vengeance de nos péchés.

LITANIES DES SAINTS.

Seigneur, ayez pitié de nous.
Jésus-Christ, ayez pitié de nous.
Seigneur, ayez pitié de nous.
Jésus-Christ, écoutez-nous.
Jésus-Christ, exaucez-nous.
Dieu le Père des Cieux, où vous êtes assis, ayez pitié de nous.
Dieu le fils, ayez pitié de nous.
Dieu le saint Esprit, ayez pitié de nous.
Trinité sainte, qui êtes un seul Dieu, ayez pitié de nous.
Sainte Marie, priez pour nous.
Sainte Mère de Dieu, priez.
Sainte Vierge des Vierges, priez.
Saint Michel, priez pour nous.
Saint Gabriel, priez pour nous.

Litanies

Saint Raphaël, priez.
Tous les saints Anges et Archanges, priez pour nous.
Tous les saints Ordres des Esprits bienheureux, priez.
Saint Jean-Baptiste, priez.
Tous les saints Patriarches et Prophètes, priez.
Saint Pierre,
Saint Paul,
Saint André,
Saint Jacques,
Saint Jean,
Saint Thomas,
Saint Jacques (Z),
Saint Philippe,
Saint Barthelémy,
Saint Mathieu,
Saint Thadée,
Saint Mathias,

Priez pour nous.

Les Litanies

Saint Barnabé,   priez.
Saint Luc,   priez.
Saint Marc,   priez.
Tous les saints Apôtres et Evangélistes,   priez pour nous.
Tous les saints Disciples,
Tous les saints Innocens,
Saint Etienne,
Saint Laurent,
Saint Vincent,
Saint Sébastien,
Saint Didier,
Tous les saints Martyrs,
Saint Grégoire,
Saint Ambroise,
Saint Augustin,
Saint Jérôme,
Saint Saintin,
Saint Nicolas,
                          Priez pour nous.
Tous les saints Evêques et Confesseurs,   priez.

des Saints.

Tous les saints Docteurs,
Saint Antoine,
Saint Benoît,
Saint Bernard,
Saint Dominique,
Saint Hyacinthe,
Saint François,
Saint Roch,
Tous les saints Prêtres et Lévites,
Tous les saints Moines et Ermites,
Sainte Marie-Magdelaine,
Sainte Anne,
Sainte Agathe,
Sainte Luce,
Sainte Agnès,
Sainte Cécile,
Sainte Catherine,
Sainte Marguerite,
Sainte Julienne,
Sainte Hélène,
Toutes les saintes Vierges et Veuves,

Priez pour nous.

Priez pour nous.

Fin des Litanies.

Tous les Saints et Saintes de Dieu, intercédez pour nous.
Agneau de Dieu, qui effacez les péchés du monde, pardonnez-nous, Seigneur. *Trois fois.*
Jésus-Christ, exaucez-nous.
Seigneur, ayez pitié de nous.
Pater noster, *tout au long.*

℣. Seigneur, écoutez ma prière.
℞. Et que mes cris aillent jusqu'à vous.

Oraison.

O Dieu ! dont le propre est de faire toujours miséricorde et de pardonner, recevez nos très-humbles prières selon la douceur de votre clémence, pour nous délivrer également, avec tous vos serviteurs, des chaînes où l'énormité de nos péchés nous a réduits.

RÉPONS

DE

LA SAINTE MESSE.

℣. Introibo ad altare Dei.

℞. Ad Deum qui lætificat juventutem meam.

℣. Judica me, Deus, et discerne causam meam de gente non sancta, ab homine iniquo et doloso erue me.

℞. Quia tu es, Deus, fortitudo mea, quare me repulisti et quare tristis incedo, dùm affligit me inimicus.

℣. Emitte lucem tuam et veritatem tuam : ipsa me deduxerunt et adduxerunt in montem sanctum tuum, et in tabernacula tua.

℞. Et introibo ad altare Dei, ad Deum qui lætificat juventutem meam.

Répons

℣. Confitebor tibi in cythara, Deus meus : quare tristis es, anima mea, et quare conturbas me?

℟. Spera in Deo, quoniam adhuc confitebor illi : salutare vultûs mei et Deus meus.

℣. Gloria Patri, et Filio, et Spiritui sancto.

℟. Sicut erat in principio, et nunc et semper, et in sæcula sæculorum, Amen.

℣. Et introibo ad altare Dei.

℟. Ad Deum qui lætificat juventutem meam.

℣. Adjutorium nostrum in nomine Domini.

℟. Qui fecit cœlum et terram.

℣. Confiteor Deo, etc.

℟. Amen.

℣. Misereatur, etc.

℟. Amen. Confiteor, etc.

℣. Deus tu conversus vivificabis nos.

℟. Et plebs tua lætabitur in te.

℣. Ostende nobis, Domine, misericordiam tuam.

℟. Et salutare tuum da nobis.

℣. Domine, exaudi orationem meam.

℟. Et clamor meus ad te veniat.

℣. Dominus vobiscum.

℟. Et cum spiritu tuo.

Après l'Introït.

℣. Kyrie eleison, *trois fois.* Christe eleison, *trois fois.* Kyrie eleison, *trois fois.* Dominus vobiscum.

℟. Et cum spiritu tuo.

A la fin de l'Épître.

℟. Deo gratias.

℣. Dominus vobiscum.

℟. Et cum spiritu tuo.

℣. Sequentia sancti Evangelii......

℟. Gloria tibi Domine.

A la fin de l'Évangile.

℟. Laus tibi, Christe.

℣. Dominus vobiscum.

℟. Et cum spiritu tuo.

℣. Orate, fratres.

℟. Suscipiat Dominus hoc sacrificium de manibus tuis, ad laudem et gloriam nominis sui, ad utilitatem quoque nostram, totiusque Ecclesiæ suæ sanctæ.

℣. Per omnia sæcula sæculorum.
℟. Amen.
℣. Dominus vobiscum.
℟. Et cum spiritu tuo.
℣. Sursum corda.
℟. Habemus ad Dominum.
℣. Gratias agamus Domino Deo nostro.
℟. Dignum et justum est.

A l'Élévation de la sainte Hostie.

O Salutaris Hostia! Quæ cœli pandis ostium : Bella premunt hostilia, Da robur, fer auxilium.

℣. Pater noster, etc.
℟. Sed libera nos à malo.
℣. Per omnia sæcula sæculorum.
℟. Amen.
℣. Pax Domini sit semper vobiscum.

de la sainte Messe. 69

℟. Et cum spiritu tuo.

A la fin de la Postcommunion.

℟. Amen.
℣. Ite missa est.
℟. Deo gratias.

L'Évangile selon saint Jean.

℣. Dominus vobiscum.
℟. Et cum spiritu tuo.
℣. Initium sancti Evangelii secundùm Joannem.
℟. Gloria tibi Domine.

A la fin de l'Évangile.

℟. Deo gratias.
Ant. Te invocamus, te adoramus, te laudamus, te glorificamus ô beata Trinitas.
℣. Sit nomen Domini benedictum.
℟. Et hoc nunc et usque in sæculum.

Les Commandemens de Dieu.

1. Un seul Dieu tu adoreras,
   Et aimeras parfaitement.
2. Dieu en vain tu ne jureras,
   Ni autre chose pareillement.
3. Les Dimanches tu garderas,
   En servant Dieu dévotement.
4. Père et Mère honoreras,
   Afin que tu vives longuement.
5. Homicide point ne seras,
   De fait ni volontairement.
6. Luxurieux point ne seras,
   De corps ni de consentement.
7. Les biens d'autrui tu ne prendras,
   Ni retiendras à ton escient.
8. Faux témoignage ne diras,
   Ni mentiras aucunement.
9. L'œuvre de chair ne désireras,
   Qu'en mariage seulement.
10. Biens d'autrui ne convoiteras,
    Pour les avoir injustement.

Les Commandemens de l'Eglise.

1. LEs Dimanches Messe ouïras,
   Et les Fêtes de commandement.
2. Tous tes péchés confesseras,
   A tout le moins une fois l'an.
3. Ton Créateur tu recevras,
   Au moins à Pâques humblement.
4. Les Fêtes tu sanctifieras,
   Qui te sont de commandement.
5. Quatre-Temps, vigiles jeûneras,
   Et le Carême entièrement.
6. Vendredi chair ne mangeras,
   Ni le samedi pareillement.

Prière

Pour notre prochain.

SEIGNEUR tout-puissant, Créateur et Père de tous les hommes, qui nous commandez de prier les uns pour les autres, et qui vous laissez particulièrement fléchir par les prières qui sont faites dans un vrai esprit de charité, jetez les yeux de votre miséricorde sur les besoins de votre Eglise, de tous ceux qui nous gouvernent, de tous nos parens, amis, de ceux qui nous font ou nous veulent du mal, et généralement de tous les hommes : recevez aussi les prières et les satisfactions que nous vous offrons pour les Ames qui souffrent en Purgatoire.

FIN.

Vic, Imprimerie de R. Gabriel.

www.ingramcontent.com/pod-product-compliance
Lightning Source LLC
LaVergne TN
LVHW021717080426
835510LV00010B/1017